Wurzen
Wurzen Ost
Kühren
Dornreichenbach
Zauche
Posthsn
Altenbach
Wurzen West
Beucha
Brandis
Nitzschka
Ammelshain
Altenhain (b Brandis)
Naunhof
Seelingstädt (b Brandis)
Trebsen (Mulde)
Neichen
Nerchau-Gornewitz
Denkwitz
Cannewitz
Wagelwitz
Böhlitz-Roda
Mutzschen
Wermsdf (b Osch)
Oschatz
Osch Süd
Altoschatz-Rosenthal
Thalheim (b Oschatz)
Mahlis
Nerchau
Großpösna
Oberholz
Großsteinberg
Dorna-Döben
Golzern
Gröppendf
Glossen (b Osch)
Kemmlitz (b Osch)
Nebitzschen
Altmügeln
Schweta (b Osch)
Mügeln (b Osch)
Lüttnitz
Belgershain
ob Bf
unt Bf
Grimma
Kroptewitz
Börtewitz
Schr Nord
Schrebitz
Otterwisch
Großbothen
Kiebitz
Zaschwitz
Tronitz
Mockritz-Jeßnitz
Döschütz
Lauterbach-Steinbach
Sermuth
Freibg. Mulde
Tanndf
Leisnig
Gadewitz
Döb-Gärtitz
Bad Lausick
Colditz
Klosterbuch
Westewitz-Hochweitzschen
Hbf
D Nord
Döbel
Werkhaltepunkt Colditz Porzellanwk.
Schweta (b Döbeln)
Limmritz (Sachs)
D Ost
Borna (b Leipz)
Hopfgarten (Sachs)
Lastau
Hartha (Kr Döbeln)
Steina
Petergrube
Neukirchen-Wyhra
Tautenhain
Geringswalde
Waldheim
Frauendf (Sachs)
Frohbg
Frohbg Ost
Rochlitz (S)
Döhlen (b Rochl/S)
Arras
Rauschenthal
Grunau (Sachs)
Streitwald
Geithain
29
Kriebethal
Schweickershain
Obstmühle
Steudten
Kohren-Sahlis
Narsdorf
Erlau (Sachs)
Ringethal
Zwick. Mulde
Wechselbg
Mittweida
Mittw Industriebf
Ob-gräfenhain
Langenleuba-Oberhain
Nobitz
Klausa
Ehrenhain
Wiesebach
Beiern-Langenleuba
Lunzenau
Cossen
Rochsbg
Göritzhain
Stein (Chemnitztal)
Dreiwerden
Altmittweida
Hain
Dittersbac (b Frankenbg)
Mohsdorf
Schweizerthal-Diethensdf
Markersdf-Taura
Ottendf (b Mittw)
Ober-lichtenau
Steinbach (Kr Geithain)
Boderitz (Kr Altenbg)
Wernsdf (b Penig)
Penig
Amerika (Sachs)
Auerswalde-Köthensdf
K-M-St Kinderwaldstätte
Frankenbg
Frankenbg (S) Süd
Thierbach-Zinnberg
Burgstädt
Wittgensdf
Witta u Bf
K-M-St-Heinersdf
K-M-St-Furth
K-M-St-Hilbersdf
K-M-St-Glösa
Braunsdf-Lichtenwalde
Niederwiesa
Wolkenbg
Waldenbg (Sachs)
Hartmannsdf (b K-M-St)
ob Bf
W. Mitte
K-M-St Borna
Flöha
Falkenau (S) Süd
Falken.
Hetzdf (Flöhatal)
Meerane
Oberfrohna
Limbach (S)
Remse
Kändler
Ndr-rabenstein
Grüna ob Bf
Rottluff
Altendf
K-M-St Hbf
KARL-MARX-STADT
Glauchau (Sachs)
Wüstenbrand
K-M-St Süd
Erdmannsdf Augustusbg
Hohen-Fichte
Hohenstein-Ernstthal
Gl-Schönbörnchen
K-M-St-Schönau
K-M-St-Siegm
Grüna (S) Hp
K-M-St-Reichenhain
Markersdf Str
K-M-St-Zwönitzbr
Mosel
St Egidien
Mittelbach
Hennersdf (Sachs)
K-M-St-Erfenschlag
Witzschdf
Neukchn-Klaffenb
K-M-St Harthau
Ursprung
Einsiedel
Wald-kirchen (Erzg)
Oberrothenbach
Lichtenstein (S)
Erlb
Kirchbg
Lugau
Jahnsdf (Erz)
Pfaffen-hain
Adorf (Erzgb)
Dittersdf
Rödlitz

Nach getaner Arbeit plaudern Vater und Sohn Schwarzenberg vom Bw Glauchau vor ihrer 50 3523 in Rochlitz mit den Fotografen (22. April 1987).

Ingo Thiele

Mit Volldampf durchs Muldental

Unterwegs zwischen Glauchau und Großbothen

SUTTON ZEITREISE

Einband vorne: Am 10. Juni 1988 ist die Traditionslok 58 3047 mit einem Sandzug nach Glauchau bei Göhren unterwegs.
Vorsatz: links: Ausschnitt aus der Kursbuch-Streckenkarte von 1964; rechts: Ausschnitt aus der Eisenbahnverkehrskarte der DDR von 1967, Ministerium für Verkehrswesen.
Nachsatz: Buchfahrplan RBD Dresden, 327-23, Seiten 18 und 19, Jahresplan 1982/83, die beiden Sandzüge Gag 56353 und 56355.
Einband hinten: Über die Rochlitzer Muldenbrücke hat 50 3654 mit ihrem Sandzug die Fahrt nach Glauchau begonnen (20. Oktober 1987).

Impressum

Sutton Verlag GmbH
Schweickhardtstraße 1
72072 Tübingen
www.suttonverlag.de

2. Auflage, 2023
ISBN: 978-3-96303-207-3
Printed in Poland by CGS Printing
Gestaltung und Herstellung: Sutton Verlag

Die Rochlitzer 50 3551 dampft am 20. Oktober 1987 bei Penna durch das weite Muldental.

Inhalt

50 3516 passiert mit Gag 56353 das südliche Einfahrsignal von Lastau (31. Mai 1983).

86 1333 ergänzt in Rochlitz ihre Vorräte, nachdem sie mit einem planmäßigen Personenzug aus Glauchau gekommen ist (12. Juni 1988).

Vorwort

Zum Ende der Dampflokzeit bei der Deutschen Reichsbahn der DDR rückte eine Bahnstrecke in den Fokus der Dampflokfreunde, die Eisenbahn im Tal der Zwickauer Mulde. Landschaftliche Schönheit und menschliche Kultur gehen hier eine einzigartige Symbiose ein. Die Ortsnamen Waldenburg, Wolkenburg, Rochsburg und Wechselburg sind bereits ein deutlicher Hinweis auf die von alters her bemerkenswerte Bedeutung dieses Landstrichs. Burgen und Schlösser sowie sakrale Bauten liegen wie an einer Perlenschnur aufgereiht am Band des Flusslaufes. Das romantische Tal war schon früh ein beliebtes Naherholungsgebiet, beschauliche Orte luden und laden zum Verweilen ein. Einen Wermutstropfen jedoch gibt es, und das ist die seit 20 Jahren stillgelegte Eisenbahn, die Muldentalbahn von Glauchau über Penig, Rochlitz und Großbothen nach Wurzen. Es steht schlecht um dieses eisenbahntechnische Kleinod, das gut zehn Jahre nach der Wende nicht mehr gebraucht wurde. Heute kämpft man um eine Wiederbelebung, wägt das Für und Wider ab, schaut kritisch in den Geldbeutel, stellt Berechnungen an, träumt vom neuerlichen Rollen der Züge durch das gewundene Tal. Die Geschichte der Bemühungen einer Reaktivierung der Strecke ist lang und von Rückschlägen gekennzeichnet. Immer wieder keimte Hoffnung auf, und doch, sie war vergebens. Pächter und Eigentümer wechselten, aber die Geldgeber an den entscheidenden Stellen hielten und halten sich zurück. Würde das Land sagen, ja, wir bauen die Strecke wieder auf, es würden sich viele Menschen bereit erklären, dabei mitzuhelfen. Die Mitglieder des rührigen Fördervereins und die sächsischen Eisenbahnfreunde aus Schwarzenberg haben bereits viel Arbeit investiert, um das Gleis befahrbar zu machen und zu erhalten. Ihre Bemühungen waren hoffentlich nicht umsonst.

So bleibt uns zunächst nur der Blick zurück in die Zeit, als das Muldental noch von den Pfiffen der Dampflok widerhallte und die Strecke unverzichtbar war für das Volkswohl. Als die Dampflok zurückkehrte, stellte das Bw Glauchau einen zweitägigen Plan auf, ein Tag nach Oelsnitz, ein Tag die Mulde und ein weiterer Tag für die 50er der Einsatzstelle Rochlitz. Drei beladene Sandzüge nach Glauchau, die entsprechenden Leerzüge, wegen der Niederbordwagen auch schlicht „Platten“ genannt, ein Pz von Glauchau nach Penig und von dort ein Nahgüterzug zurück, ein Pz von Karl-Marx-Stadt nach Rochlitz und Übergabeleistungen waren zu befördern. Daran änderte sich bis zum Ende der Dampfzeit wenig, eine verlässliche Planungsgrundlage für die zahlreichen Fotografen. Hauptobjekte dieser z.T. nervenaufreibenden Verfolgungstouren waren die beiden Ganzzüge Gag 56353 und 56355, die in Rochlitz gegen Mittag und frühen Nachmittag starteten. War man mit dem ersten Zug in Glauchau angelangt, hieß es, bald wieder den Rückweg nach Rochlitz anzutreten und den zweiten Zug ins Visier zu nehmen. Lokführer Klaus Schwarzenberg vom Bw Glauchau wusste im Übrigen recht genau, welche Tipps er seinen westlichen Besuchern zu geben hatte, damit die auch rechtzeitig alle möglichen Fotostellen erreichten. Über die Jahre entstand so eine Fülle von Bildern, von denen hier eine repräsentative Auswahl getroffen wurde. Und wie immer geht es in dieser Reihe nicht um eine Dokumentation der Streckengeschichte, sondern um das Motiv des Zuges in der

Wegen Bauarbeiten im Muldental nimmt 50 3523 ausnahmsweise den Weg über die Umleitungsstrecke von Rochlitz nach Penig, bei Narsdorf, am Zugschluss schiebt eine 110er (September 1983).

Landschaft, die Atmosphäre des Dampflokbetriebes, die Freude beim Betrachten guter Bilder und das Erinnern an eine schöne Dampflokzeit. Unsere Bilderreise beginnt in Glauchau und arbeitet sich die Strecke hinab bis Großbothen. Vorgeschaltet ist eine kleine Sammlung mit älteren Bildern aus Rochlitz, die sich anboten, in einem eigenen Kapitel gewürdigt zu werden.

Wünschen wir der wunderschönen Muldentalbahn eine Zukunft, denn ihr letztes Kapitel ist noch nicht geschrieben.

1

Damals in Rochlitz

Unsere fotografische Reise durch das Muldental nimmt ihren Anfang in Rochlitz, der Stadt des Roten Porphyrs. Am Rochlitzer Berg wird dieser Naturstein seit Jahrhunderten bis heute abgebaut. Die im Krieg verschont gebliebene Stadt hat ihre ursprüngliche spätmittelalterliche Struktur weitgehend erhalten können, Marktplatz, Schloss und Kirchen prägen bis heute das Stadtbild.

Mit der Zunahme des Eisenbahnverkehrs wurde Rochlitz 1933 zum Bahnbetriebswerk und blieb es bis 1966, als es dem Bw Glauchau als Einsatzstelle untergeordnet wurde, 1996 wurde es ganz geschlossen. Rochlitz war von jeher schon immer eine 86er-Hochburg, und alle fünf 86er, die 1980 bei der DR noch vorhanden waren, bis auf die 1049, haben zumindest zeitweise dort als Heizloks gedient. Der planmäßige Einsatz der 86er endete zum Winterfahrplan 1975/76. Vorhanden waren dann noch die 86 1039, 1063, 1086, 1460 und 1501. Die 1086 ging am 25. August 1976 nach Werdau und beheizte dort ein Krankenhaus, die 1039 und 1086 wurden am 6. November 1976 nach Karl-Marx-Stadt-Hilbersdorf zum Verschrotten abgefahren. Die 1063 ereilte im März 1977 in Glauchau das gleiche Schicksal. Lediglich die 1501 blieb noch bis in die 80er-Jahre als Heizlok in Rochlitz und kam auch vor Sonderzügen zum Einsatz, bis sie am 14. November 1983 zum Bw Aue, Einsatzstelle Annaberg-Buchholz, umgesetzt wurde und auf der Stichbahn von Schlettau nach Crottendorf ihre Schwestern 86 1001, 1056, 1049 und 1333 unterstützte. Die jeweiligen Heizloks in Rochlitz wurden auch wiederholt vor Sonderzügen oder tageweise im Plandienst eingesetzt, so z.B. im September und Oktober 1983 vor Kartoffelzügen.

Nach Wiederaufnahme des Dampfbetriebes in der RBD Dresden Anfang 1982 kehrten auch die Dampfloks wieder auf die Muldentalbahn zurück. Der Einsatzstelle Rochlitz war regelmäßig eine Lok der Baureihe 50 vom Bw Glauchau zugeteilt. Den Löwenanteil am Güterverkehr nahmen seit Jahrzehnten die Sandzüge aus Sermuth ein, die ab Rochlitz oder direkt aus der Sandgrube gefahren wurden. Mit 920 Tonnen am Haken machten sich die 50er dreimal täglich auf den Weg, das Muldental hinauf nach Glauchau. Auf 40 Kilometern waren ca. 80 Meter Höhenunterschied mit einer beachtlichen Steigung zwischen Steudten und Lunzenau zu überwinden.

Die Renaissance der Dampfloks in den 80er-Jahren führte viele Eisenbahnfreunde auch ins Muldental, das fotografisch einiges zu bieten hatte. Die Bilder, die in dieser Zeit entstanden, stehen hier natürlich im Vordergrund. Bei seiner Recherche lernte der Verfasser auch den ehemaligen Rochlitzer Lokführer Tilo Günther kennen. Das Grundstück seines Elternhauses grenzt direkt an den Bahndamm, sodass aus dem Fenster bequem der Eisenbahnbetrieb beobachtet werden konnte. Schon als Jugendlicher machte Tilo Günther Ende der 60er-Jahre seine ersten Aufnahmen, hauptsächlich von Dampfloks, wenngleich auch die Konkurrenz immer mal wieder aufs Bild durfte. So entstand über die Jahrzehnte ein kleines Archiv, aus dem wir hier eine Rochlitzer Auswahl getroffen haben. So sehen wir die letzten 86er-Einsätze in Rochlitz, Altbau-50er vom Bw Karl-Marx-Stadt-Hilbersdorf und, na ja, ein bisschen Diesel.

Für sein freundliches Entgegenkommen möchte ich Tilo Günther ganz herzlich danken, der damit diese Bilderreise durch das Muldental wesentlich ergänzt hat.

91 1229

86 744
91 1229

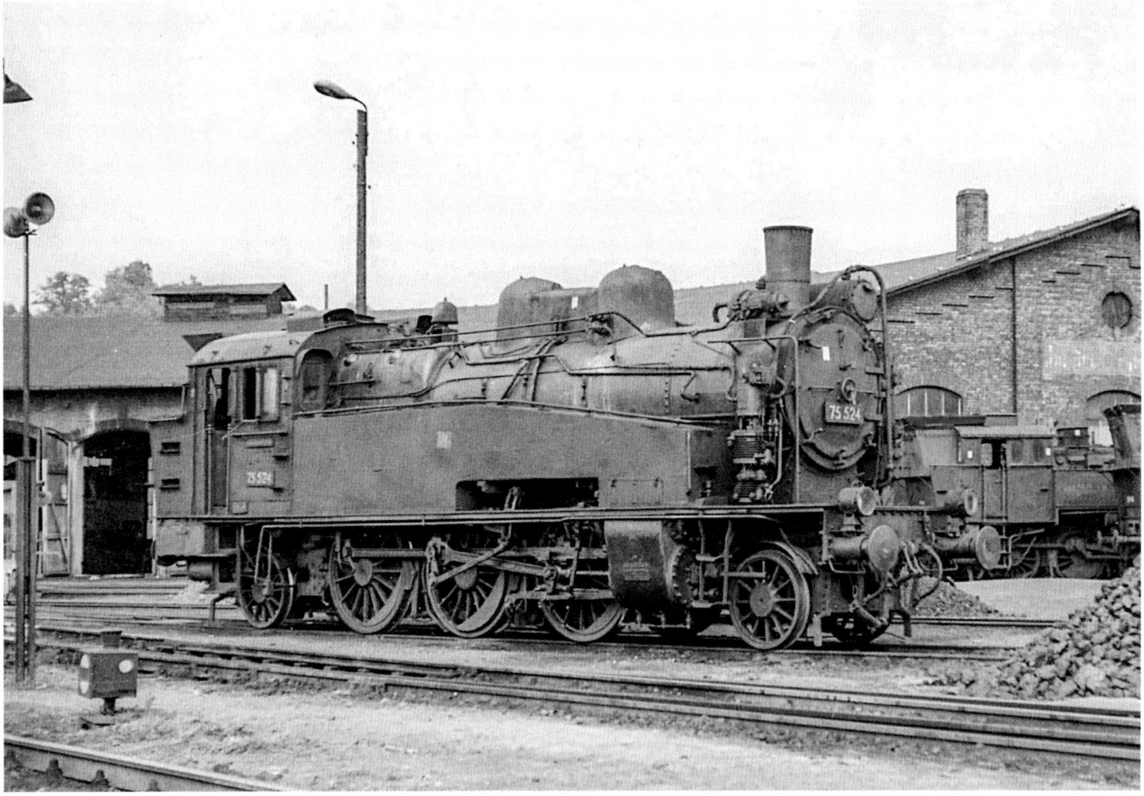

Oben: Das Bw Glauchau hatte die Baureihe 75 lange Zeit im Bestand, 1969 endete ihr Einsatz dort. Nur wenige Maschinen erreichten noch das neue Jahrzehnt. Diese sächsische Länderbahnlok mit der Bezeichnung XIV HT, im DR-Nummernschema 75.5, war auch lange im Muldental unterwegs. Zwei dieser sächsischen Vertreter der Baureihe 75 sind museal erhalten. 75 524 vom Bw Glauchau am 5. März 1968.

Links: Blick ins Bw Ende der 60er-Jahre. Als letzte ihrer Art wartet 91 1229 kurz vor Ende des Einsatzes dieser Baureihe im Juni 1968 auf letzte Aufgaben. Diese preußische T 9.3 mit der Achsfolge 1'C wurde über 2.000 Mal gebaut. 1971 wurde das letzte Exemplar ausgemustert. Zurzeit ist keine der erhaltenen Maschinen betriebsfähig. Allerdings arbeitet die Museumseisenbahn Minden am Aufbau der 91 1708 („Kattowitz 7348"). Der 86 744 vom Bw Glauchau (1967–69) ist ein deutlich längeres Leben vergönnt. Als Zwickauer Werkslok beendete sie 1986 ihr erstes Leben im Osten. Nach einem längeren Ausflug in den Westen zur Mindener Museumsbahn (1991–2017) wurde sie gerade erst wieder betriebsfähig hergerichtet und erweitert den ohnehin schon beachtlichen Fahrzeugpark der Pressnitztalbahn GmbH (Mai 1968).

86 022
86 548
86 501
110 081-7

86 022
86 548
86 501

86 1501-5

Oben: Diesel-Hochbetrieb in Rochlitz: vorne links die beiden Karl-Marx-Städter 110 624+634 mit Sandzug nach Narsdorf, dahinter die Nossener 110 165 mit P 4735 von Leipzig und zurück mit P 4738, rechts die Glauchauer 110 298 mit P 19732, Mittwochnachmittag, 18. Mai 1977. Zeitweise setzte man in Rochlitz bis zu sieben 110er ein.

Rechts oben: 50 3109 (von der Einsatzstelle Zwickau, Bw Reichenbach) rangiert ihren Sandzug Richtung Glauchau (27. Februar 1977).

Rechts unten: 50 1181+2740 von Hilbersdorf ebenfalls beim Rangiergeschäft (17.April 1978).

Vorherige Doppelseite:
Die Idee fand schnell Anklag: Wie wäre es mit einer kleinen, aber feinen, exklusiven Lokparade nur für das Personal und zwei Fotografen? Man versammelte 86 022 (1056), 86 548 (1063, kalt) und 86 1501 im Schuppen und „garnierte" sie mit ein paar 110ern, verpasste zwei Dampfern alte Schilder von ehemaligen Rochlitzer Maschinen aus den Beständen der Eisenbahner und schon war eine ansehnliche Szene geschaffen. 86 022 war bereits 1973 ausgemustert worden, die 548 beendete 1974 in Sangerhausen den Dienst. Die 1056 war wegen Diesellokmangel im Aushilfsdienst (siehe auch Seite 92) und 86 1501 war die reguläre Heizlok (5. März 1977).

50 3109-1

Rochlitz. Blick von der Plattform der Realschule auf Schloß
und Berg.

50

Links und rechts oben: 86 1460 (Bw Glauchau) kommt mit dem GmP 68372 von Geringswalde und fährt nach Überquerung der Mulde in den Bahnhof Rochlitz ein (24. September 1975). Die Strecke ist seit 1998 stillgelegt und abgebaut.

Rechts unten: 50 1181+2740, beide Bw KMS-Hilbersdorf, fuhren montags im April 1978 drei Wochen lang einen Sandzug auf der Mulde bis Wechselburg und dann durch das Chemnitztal bis KMS-Glösa (17. April 1978). Beide Maschinen haben einen Flachschornstein, den sogenannten Giesl-Ejektor, der durch einen verbesserten Saugzug der Abgase zu merklicher Kohleeinsparung führte.

Vorherige Doppelseite:

Links oben: 50 3109 sprang als Ersatz für zwei ausgefallene 110er zwei Wochen in Rochlitz ein, hier bei Ausfahrt nach Narsdorf und weiter über Penig nach Glauchau (27. Februar 1977).

Links unten: Postkarte mit Rochlitzer Ansicht von 1916.

Rechts oben: 50 3116 aus Zwickau half am 7. Februar 1977 im Muldental aus, als 50 3109 in Zwickau zum Auswaschen weilte. Aus Colditz kommend, befährt sie die Muldebrücke bei Penna.

Rechts unten: 86 1063 hat den Sandzug aus Colditz geholt und fährt über die Muldebrücke nach Rochlitz ein (4. Juli 1975).

SCHLOSSMÜHLE

Oben: 86 1086, eine der vier letzten 86er in Rochlitz, hat ihre Fahrt nach KMS-Glösa begonnen, hinten schiebt noch eine 110er nach (4. Juli 1975). Eine Schiebelok brauchten die 50er auf der Mulde nicht, lediglich auf der Ausweichstrecke nach Narsdorf hinauf war diese erforderlich. Anders die 86er, deren Leistung alleine nicht ausreichte. 2002 trat auch die Mulde über die Ufer und wenn man vor den Hochwassermarken in Rochlitz steht, ist das schier unglaublich. Das Wasser stand bis knapp unter die Schaukelbrücke für Fußgänger.

Rechts oben: 50 1181+1307 aus Hilbersdorf haben ihre Fahrt in Rochlitz begonnen und fahren durch die Stadt auf die Muldebrücke zu (17. April 1978).

Rechts unten: 50 3109, die Zwickauer Leihlok, durchfährt ebenfalls das Rochlitzer Stadtgebiet auf dem Weg nach Glauchau (Februar 1977).

Nächste Seite:

50 3109 vor Sandzug bei Lastau am 19. Februar 1977. Die Gleisanlagen der Grube Sermuth konnte mehrere komplette Sandzüge aufnehmen. Die Dampfer holten Züge auch direkt aus der Grube ab, Beginn des Zuglaufes war jeweils in Colditz.

50 3109-1

2

Glauchau–Penig

Dieser erste Streckenabschnitt wurde im Mai 1875 eröffnet. Bei seinem Bau war insbesondere im oberen Abschnitt schwieriges Gelände zu bewältigen, Felssprengungen, zahlreiche Stütz- und Ufermauern sowie sechs Brücken mussten errichtet werden. Auch ein Teil des sogenannten Hauboldsteins in Wolkenburg, einem später beliebten Fotomotiv, hatte dem Bahnbau zu weichen. Kurios und verteuernd war auch die Tatsache, dass die Muldenthal-Eisenbahngesellschaft die Strohdeckung der Häuser mit weniger als 50 Metern Abstand zum Gleis aus Feuerschutzgründen durch nicht brennbares Material ersetzen musste.

Die Strecke durch das Muldental nimmt ihren Anfang in der Textilstadt Glauchau, das sich im Laufe des Eisenbahnzeitalters auch zur Eisenbahnerstadt entwickelte. Bisher nur ein Durchgangsbahnhof erhält Glauchau mit dem Anschluss der Muldentalbahn eine Lokstation und 1916 ein Bahnbetriebswerk, das bis zu seinem Ende 1994 in unterschiedlichen Zeitabschnitten Dampfloks der Baureihen 38, 50, 56, 57, 58 (G12), 58.30 (Reko), 75, 86 und 91 beheimatete. Unter Eisenbahnfreunden bekannt geworden ist das Bw als letzte Einsatzstelle der Baureihe 58.30 und durch den letzten planmäßigen Einsatz von Dampflokomotiven in der Reichsbahndirektion Dresden.

Der Streckenverlauf führt zunächst durch das noch weite Tal der Zwickauer Mulde über den ehemaligen Bahnhof Remse nach Waldenburg, dessen Bahnhof weitab vom Zentrum der Bergstadt mit langer Töpfertradition liegt. Nun wird das Tal enger und die Strecke folgt dem Flusslauf in vielen Windungen bis Wolkenburg, dessen Schloss hoch oben thront. Auf hoher Stützmauer vorbei am Hauboldfelsen wird der Haltepunkt Thierbach-Zinnberg durchfahren und kurz vor Einfahrt in den Bahnhof Penig auf einer bruchsteingemauerten Doppelbrücke die Fernstraße gequert. In Penig zweigt die Strecke nach Narsdorf ab, die im weiteren Verlauf ebenfalls Rochlitz erreicht und als Ausweichstrecke genutzt wurde.

86 1333 im Bw Glauchau am 18. September 2015 kurz nach der Wiederherstellung ihrer Betriebsfähigkeit.

50 2407-0

58 3008-9
86 1313-5

58 3028-6

Oben: 58 3006 fährt aus Richtung Zwickau in Glauchau ein, während ihre Schwester 58 3047, die spätere Museumslok, auf Ausfahrt wartet (12. März 1978).

Links oben: 58 3028 auf den Glauchauer Strahlengleisen im Sommer 1980, kein Jahr mehr bis zur endgültigen Abstellung dieser Baureihe.

Links unten: Blick aus dem Bw-Gebäude auf eine Mischung aus Alt und Neu, 58 3028, 3024, 118 276 und 118 314 (16. August 1980).

Vorherige Doppelseite

Links oben: Zum „Tag des Eisenbahners" wurden regelmäßig Sonderfahrten durchgeführt und Ausstellungen organisiert. Am 7. Juni 1980 traf man sich aus diesem Anlass in Glauchau. Ein Sonderzug brachte die Gäste mit mehreren Dampfloks auf verschiedenen Teilstrecken in die Eisenbahnerstadt. Auch die Rochlitzer Heizlok 50 2407, im November 1979 von Nossen gekommen, wurde eigens dafür ins Heimat-Bw geschafft.

Links unten: Im August 1971 weilen 86 1313 und 58 3008 im Bw Glauchau.

Rechts oben: Blick vom Güterschuppen über die Drehscheibe in Glauchau auf drei Reko-G 12 und eine 86er (12. März 1978).

Rechts unten: Den Blick nach links geschwenkt auf eine Reihe abgestellter Loks (von hinten): 86 1313, 86 1869, eine 50er, 58 3018 und 58 115? (12. März 1978).

50 3519-1

Oben: Nach der Durchfahrt durch Reinoldshain und der Unterquerung der Autobahnbrücke strebt 50 3576 mit dem Lg 58 354 auf Remse zu. Im schönen Fachwerkhaus rechts beherbergte der Eigentümer eine sehr interessante Sammlung von Pferdefuhrwerken, die er uns eines Tages einmal stolz zeigte (April 1986).

Links oben: 50 3697 macht sich gegen 22 Uhr in Glauchau Lz geräuschvoll auf den Weg nach Zwickau, um die leeren „Platten" Lg 58 352 abzuholen und des Nachts nach Colditz zu schaffen. Von dort geht es dann um 3.28 Uhr mit dem Sand Gag 56 351 zurück nach Zwickau (Juni 1986).

Links Unten: Abfahrbereit steht 50 3619 am Glauchauer Bahnsteig. Noch ein paar Worte mit dem befreundeten Heizer ausgetauscht und schon geht es los nach Rochlitz, immer schön auf Höhe des Zuges, nein, ein kleines Stückchen voraus, denn Zeit, um auszusteigen und die Kamera hochzureißen, musste schon sein (April 1987).

Nächste Doppelseite: Durch Remse im Wechsel der Jahreszeiten

Links oben: 50 3523, 7. Mai 1983.

Links unten: 50 3697, 17. Mai 1985.

Rechts oben: 50 3516 mit Gag 56353, 28. Oktober 1984.

Rechts unten: 50 3576, 27. Oktober 1986.

50 3523-3

50 3516-7

50 3576-1

Oben: Ende Oktober 1985 kam es in Glauchau zu einem erheblichen Lokmangel durch Abgaben von Maschinen an andere Bw oder RAW-Aufenthalte. So traf Anfang November die 52 8176 aus Hilbersdorf für ein kurzes Gastspiel in Glauchau ein, die eigentlich als Heizlok vorgesehen war. Doch aufgrund des akuten Lokmangels wurde sie knapp zwei Wochen auf den Strecken nach Rochlitz und Oelsnitz eingesetzt. Dann wurde sie wieder nach KMS abgegeben. Grund für diesen außergewöhnlichen Lokeinsatz war u.a. die 50 3576, die hier wenige Tage vor ihrem Ausfall durch Remse fährt (29. Oktober 1985).

Rechts oben: Durch den ehemaligen Bahnhof Remse rollt 50 3519 mit dem N 65367 von Penig gen Süden (April 1987).

Rechts unten: Die Dorfjugend bestaunt den Dampfzug, der noch ein gutes halbes Jahr zum täglichen Bild in Remse gehören wird. 50 3576 mit Lg 58 354 am 18. April 1987.

Oben: Großes Fotografenglück hatte Volker Fröhmer, als er kurz hinter Remse die 50 3523 mit dem P 19736 nach Penig in einer Wolkenlücke erwischte (27. Oktober 1986).

Rechts oben: Von der gleichen Straßenbrücke aus, nur in nördlicher Richtung, wurde die 50 3658 im Wald bei Remse abgelichtet (30. August 1983).

Rechts unten: Zwischen Waldenburg und Remse kommt dem Fotografen hier 50 3516 mit Gag 56353 am 29. Oktober 1985 entgegen.

Nächste Doppelseite:

Links oben: Die Rochlitzer 50 3673 mit dem 56353 verlässt das Waldenburger Stadtgebiet Richtung Glauchau (18. April 1987).

Links unten: 3523 rattert mit dem 56353 durch Waldenburg und an der Wäsche vorbei, zum Glück steht der Wind richtig (17. April 1982).

Rechts oben: Waldenburger Ansicht auf einer 1939 abgestempelten Ansichtskarte.

Rechts unten: Interessante Gegenüberstellung in Waldenburg mit 50 3516.

6
6

Waldenburg
50 3523-3

Waldenburg i. Sa.
Waldenburg

86 1333-3

Waldenburg
50 049

50 3697-5

Oben: Kurz vor Waldenburg rollt 50 3576 mit dem 56353 durch das frühlingshafte Muldental (15. Mai 1985).

Links oben und unten: Ebenfalls bei Waldenburg begegnet die 50 3697 dem Fotografen am 27. Oktober 1985 mit dem zweiten Sand 56 355, während – von gleicher Stelle aus gesehen – sich die nach Rangieraufenthalt aus Waldenburg ausfahrende 50 3516 mit dem N 65 364 am 20. Oktober 1985 auf den Weg nach Rochlitz macht.

Vorherige Doppelseite:

Links oben: Neben ihrem Dienst als Heizlok in Rochlitz kam 86 1333 auch immer wieder auf die Strecke. Hier steht sie am 16. Juni 1990 in Waldenburg mit einem Nahgüterzug mit Bauwagen anlässlich des Jubiläums „750 Jahre Glauchau", wozu eben auch auf der Schiene einiges geboten wurde. Ein Jahr später musste Glauchau die Lok nach Wustermark abgeben.

Links unten: Mit einem Sonderzug durch Sachsen durchfährt die Traditionslok 50 849 den Bahnhof Waldenburg (18. September 1982).

Rechts oben: 50 3516 startet am Nachmittag des 28. Oktober 1984 mit dem Nahgüterzug 65364 nach Rochlitz.

Rechts unten: 50 3688 tut es ihr im April 1987 gleich.

50 2146-4

50 3551-4

50 3551-4

Oben: Auf der Rückfahrt vom großen Abschiedsfest in Glauchau am zweiten Juniwochenende, dem traditionellen „Tag des Eisenbahners", passiert 86 1333 mit P 19740 nach Rochlitz den Hauboldfelsen in Wolkenburg (12. Juni 1988).

Links oben: In der Gegenrichtung qualmt 50 3523 mit N 65367 Glauchau entgegen (April 1987).

Links unten: Auf der bestens gepflegten 50 3670 hat es der Heizer etwas zu gut gemeint mit dem Kesseldruck (Oktober 1987).

Vorherige Doppelseite:

Links oben: Die Altbau 50 2146, im Sommer 1984 nach Glauchau gekommen, war mit Unterbrechungen ein Jahr lang dort eingesetzt, bevor sie abgestellt wurde. Hier dampft sie mit Gag 56355 an der Wolkenburg vorbei Glauchau entgegen (20. Oktober 1984).

Links unten: Die Rochlitzer 50 3551 mit ihrer Sandfuhre in der Nähe der Wolkenburger Schaukelbrücke (Fußgängerbrücke) im goldenen Oktober 1987.

Rechts oben: Zurück kommt sie mit dem N 65364, der diesmal einiges an Rüben mitführt (Oktober 1987).

Rechts unten: Am Vorabend des Glauchauer Dampfabschieds, am 10. Juni 1988, bespannt 86 1333 als Überführungsfahrt den P 19739 von Rochlitz.

50 3516 mit dem Nahgüterzug nach Rochlitz auf der langen Stützmauer an der Wolkenburger Sägemühle (24. April 1986).

50 3576 mit N 65367 verlässt Thierbach südwärts (18. April 1987).

Dörfliche Idylle am Haltepunkt Thierbach-Zinnberg. 50 3551 rollt mit dem 56353 Richtung Wolkenburg (20. Oktober 1987).

Nächste Doppelseite:

Links: Zwei Durchfahrten am schönen Haltepunkt Thierbach-Zinnberg, oben die 50 3576 im März 1986 und unten die 86 1056 mit dem Nahgüterzug 65363 am 19. April 1987. Die im November 1986 aus dem RAW Dresden nach Glauchau gekommene Maschine wurde sofort zum Heizdienst nach Rochlitz abkommandiert, wo sie die wegen abgelaufener Kesselfristen nicht mehr betriebsfähige 86 1333 ablöste. Nach der Aufarbeitung der 1333 in Meiningen wurde 86 1056 im Mai 1987 nach Aue versetzt.

Rechts oben: Die Rochlitzer 50 3673 ist am 27. Oktober 1986 mit N 65364 in Thierbach Richtung Penig unterwegs. Das wollige Tier schaut interessiert zu, inzwischen längst an dieses mehrfach tägliche und lärmende Schauspiel gewöhnt. Man hatte begriffen, das Monster wich ja nie vom Weg ab, was sollte also passieren?

Rechts unten: Abfahrt des regulär dampfbespannten P 19736 Glauchau–Penig mit 50 3576 in Thierbach (18. April 1987).

50 3576-1
16
5
F

86 1056-0
16
5
F

50 3573-6
16

58 3047-6

Oben: 50 3670 kocht Dampf in Penig, kurz bevor sie sich am 28. November 1987 mit N 65367 auf den Weg nach Glauchau begibt. Nur noch zwei Monate und die Dampfherrlichkeit im Muldental hat ein Ende.

Links oben: 50 3670 räuchert im April 1987 durch Thierbach, im Hintergrund Penig. Heute überspannt eine 710 Meter lange Brücke der A72 das Tal der Zwickauer Mulde und verändert diese Perspektive doch ganz erheblich.

Links unten: Nachdem die Achslastbegrenzung im Muldental aufgehoben worden war, konnte die Reko 58er dort eingesetzt werden. Anlässlich des offiziellen Abschieds von der Dampftraktion bei der RBD Dresden durfte auch die Museumslok 58 3047 den Sand befördern, hier in Thierbach am 10. Juni 1988.

komplettiert Ihren Haushalt

Leuchten aus dem Erzgebirge

Oben: 50 3551 fährt von Norden kommend nach Penig ein (Oktober 1987). Links zweigt die Strecke nach Narsdorf ab. Unvorstellbar, wie es hier heute aussieht, nur die Signale ragen noch aus dem Birkenwald hervor, aber auch nicht mehr lange.

Links: Zwei Ansichten des bemerkenswerten Brückenbauwerks bei Penig, das die Fernstraße über die Mulde und die Bahnüberführung kombiniert. Oben bringt die Rochlitzer 50 3109 (Einsatzstelle Zwickau) den Sand nach Halt in Penig mit Ziel Glauchau am 27. Februar 1977 wieder in Schwung. Unten sehen wir sechs Jahre später, im August 1983, die gleiche Fuhre mit 50 3697, die Brückenwerbung hat man ausgetauscht.

Nächste Seite:

Oben: 50 2146 fährt im Mai 1985 mit Gag 56355 aus Penig in Richtung Glauchau aus.

Unten: 50 3551 startet im Oktober 1987 mit dem N 65364 nach Rochlitz, Dampflokatmosphäre pur. Für so ein Bild ist ein perfekter Zeitpunkt nötig, hier hat es geklappt.

3

Penig–Rochlitz

Gut ein Jahr später als der erste Bauabschnitt wurde der dritte Teil der Gesamtstrecke 1876 eröffnet. Hier waren deutlich größere Anstrengungen notwendig, insbesondere zwischen Penig und Lunzenau. Das enge Tal machte erhebliche Felsabbrüche, hohe Ufermauern, einen Tunnel und Brückenbauten, neben der in Rochlitz auch eine transporttechnisch schlecht erreichbare Brücke über die Mulde bei Göhren, erforderlich.

Von Penig aus nordwärts erreicht man als nächste Station Amerika, eine ehemalige, kleine Industrieansiedlung, die ihren Namen wohl dem Umstand verdankt, dass die Arbeiter auf dem Weg zur Textilfabrik die Mulde überqueren mussten, um quasi über den „großen Teich", eben nach Amerika zu kommen. Ebenso tief im Tal und am Steilhang liegt das idyllische Örtchen Rochsburg, über dem ebenselbige thront. Durch den 286 Meter langen Rochsburger Tunnel führt die Strecke nach Lunzenau. Im beschaulichen Örtchen hat sich ein Eisenbahner einen Lebenstraum erfüllt, zunächst als Gaststätte eröffnet, heute als kultureller Veranstaltungsort weithin bekannt, der „Prellbock". Neben der komplett hölzernen Bahnhofsbude vom nahe gelegenen Obergräfenhain mit historischem Inventar findet der geneigte Besucher und allemal der Eisenbahnfreund eine Fülle eisenbahntechnischer und -historischer Stücke, ein herrliches Eisenbahnmuseum direkt am Ufer der Mulde. Von Lunzenau geht es hinab nach Göhren, über dessen wenigen Dächern sich die berühmte Brücke gleichen Namens erhebt. 1871 erbaut, ist sie Teil der Strecke Leipzig–Chemnitz und überspannt auf 68 Metern Höhe und 381 Metern Länge das Muldental und die Muldentalbahn. Im Bahnhof Wechselburg kommt von rechts die Chemnitztalbahn heran, seit 2002 stillgelegt und zum Radweg umfunktioniert. Der Ort liegt anmutig auf und am Berg, sein Benediktinerkloster mit Stiftskirche und das Barockschloss sind die herausragendsten Gebäude. Über Steudten geht es hinab nach Rochlitz. Dieser Abschnitt mit der größten Steigung der Muldentalbahn forderte den Lokomotiven seinerzeit einiges ab, die auch des Nachts mit ihren schweren Sandzügen nach Wechselburg heraufstampften.

Vor Einfahrt in den Bahnhof Rochlitz wird die Mulde vor der Kulisse des Schlosses und der St.-Petri-Kirche auf einer 256 Meter langen Stahlbrücke gequert. In einem Einschnitt führt die Strecke dann durch das Stadtgebiet und erreicht schließlich den etwa auf halbem Wege liegenden Betriebsmittelpunkt der Muldentalbahn.

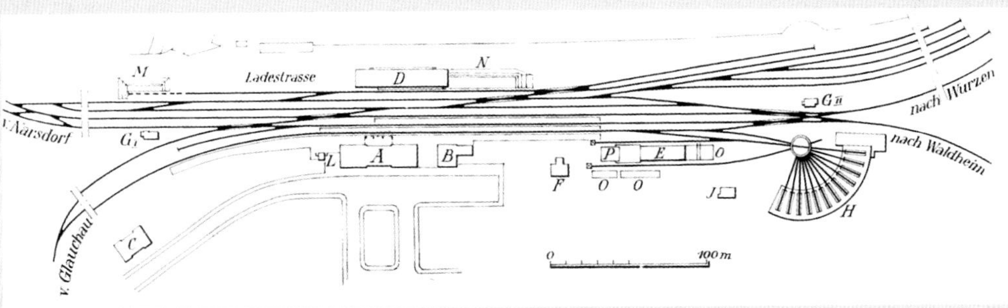

STOP

STOP

Nördliche Einfahrt Penig: **oben:** 50 3654 im Oktober 1987; **links oben:** 86 1333 am 10. Juni 1988 mit P 19736; **links unten:** 50 2146 am 20. Oktober 1984.

Nächste Doppelseite: Amerikanische Ansichten in Sachsen

Links: 50 3697 im Juni 1986; **rechts oben:** Postkartenblick aus den 20er-Jahren; **rechts unten:** 50 3673 müht sich, das idyllische Fleckchen vollzuräuchern. Diese Leistung am Sonntagabend war ein seltenes Ereignis. Wenn der Nahgüterzug nach Rochlitz voll ausgelastet war, mussten von Penig weitere Wagen als Extrafuhre abgeholt werden. Dazu fuhr die Rochlitzer Maschine Lz am Abend noch einmal los, in der Regel Tv. Doch das ließ sich mit guten Kontakten auch ändern, und so entstand ein Bild in Amerika mit Sonne auf dem Bahnhofsschild und vorwärtsfahrender Lok, was in den 80er-Jahren fahrplantechnisch nie möglich war (August 1986). Mit dem beginnenden Winterfahrplan fiel dann auch diese Bedarfsleistung weg. Der Güterschuppen wurde vom Förderverein Muldentalbahn vorbildlich wieder hergerichtet und dient nun als Vereinsdomizil, und auch der Bahnhof geht seiner vollständigen Restaurierung entgegen. Im Erdgeschoss kann bereits die ehemalige Gaststätte für Feiern angemietet werden. Ab 1905 war Amerika sogar knapp 20 Jahre lang Bahnhof, daher auch das recht stattliche Empfangsgebäude.

50 3666-0
Amerika

Penig i. Sa.
AMERIKA

Amerika

50 3519-1

50 3576-1

Oben: 86 1333 mit P 19736 am 10. Juni 1988 in Rochsburg.

Links oben: 50 3519 qualmt im April 1987 am Rochsburger Bahnhofsgebäude vorbei. Rochsburg hatte ursprünglich ein Überholgleis und ein Stumpfgleis, war also Bahnhof. 1968 wurde er zum Haltepunkt herabgestuft. Bei der Anlage des Bahnhofs im engen Tal musste man unter großem Aufwand Platz schaffen und hohe Stützmauern errichten.

Links unten: 50 3576 schleppt ihren Zug durch Rochsburg nach Amerika hinauf (April 1986).

Vorherige Doppelseite:

Links oben: Eine Ansicht aus den 20er-Jahren mit der ursprünglichen Bahnhofsanlage; **links unten:** Der Zustand in den 80er-Jahren (50 2146 am 12. Mai 1985); **rechts:** Der gegenwärtige Blick von gleicher Stelle (13. Juni 2020).

Nächste Doppelseite:

Links: 50 2146 mit Gag 56355 am 20. Oktober 1984.

Rechts oben: 86 1333 kehrt mit P 19740 vom Dampfabschied in Glauchau nach Rochlitz zurück und passiert das Rochsburger Schloss (12. Juni 1988).

Rechts unten: 50 3670 hat den Rochsburger Tunnel verlassen, die letzten Wagen dürften sich noch darin befinden (Oktober 1987).

50 2146-4

86 1333-3

50 3670-2

Letzte Fahrt
28.5 1988
50 3576-1
56355

50 3623-3

50 3576-1

Oben: Bahnhof Lunzenau auf einer Ansichtskarte von 1926.

Rechts oben: 86 1056 passiert das links stehende nördliche Einfahrsignal von Lunzenau mit N 65363 (19. April 1987).

Rechts unten: Wenige Meter weiter arbeitet sich 50 3688 mit deutlich mehr Last die Steigung nach Lunzenau hinauf (April 1987).

Vorherige Doppelseite:

Links: Am 28. Mai 1988, dem letzten regulären Betriebstag des Bw Glauchau, wird noch einmal auf der Mulde der Sand mit Dampf gefahren, was schon seit Februar des Jahres nicht mehr der Fall war. 50 3576 hat soeben den Rochsburger Tunnel verlassen.

Rechts oben: 50 3523 verlässt mit Gag 56355 die für zweigleisigen Betrieb vorbereitete Röhre am 23. April 1987.

Rechts unten: 50 3576 keucht heran, von zwei mutigen Fotografen erwartet (April 1986).

Oben: Die Göhrener Brücke gehört zu den beeindruckendsten Bauten des frühen Eisenbahnzeitalters. Mit einem von 58 1562 gezogenen Güterzug von Karl-Marx-Stadt nach Borna wird sie hier im August 1969 befahren.

Links: Blick in die Bahnhofsbude von Obergräfenhain, komplett zu besichtigen in Lunzenau in der Location „Zum Prellbock“. Der Eisenbahner Matthias Lehmann hat dort am Ufer der Mulde eine Fülle von Gegenständen aus der Eisenbahnwelt zusammengetragen, es ist ein kleines, atmosphärisch sehr dichtes Museum geworden. Übrigens, in einem überdimensionalen Koffer kann man hier auch günstig übernachten.

Rechts: Es war schon eine schneidige Fahrweise erforderlich, um den Zug an einem so schönen Oktobertag möglichst oft zu erwischen, und dann auch noch von der Altbau-Maschine 50 2146 geführt, hier bei der Einfahrt in Lunzenau am 20. Oktober 1984.

50 2146-4
P
P

50 3516-7

86 1056-0

50 3523-3

Oben: 86 1056 kehrt mit dem P 19732 von Glauchau zurück. Am Osterwochenende 1987 kam sie vor planmäßigen Zügen zum Einsatz, hier bei der Überquerung der Chemnitz in Göhren (Karfreitag, den 17. April 1987).

Links oben: Am Ostersonntag ist 86 1056 mit N 65363 unterwegs (Göhren, 19. April 1987).

Links unten: An gleicher Stelle die 50 3523 am 23. April 1987.

Vorherige Doppelseite: Ansichten des Göhrener Viadukts

Links oben: Auf dieser Postkartenansicht aus den 20er-Jahren wird das bautechnische Ensemble in Göhren eindrücklich dargestellt, rechts die Brücke über einen Nebenbach, links das Wasserkraftwerk. Einige Bögen an den Enden des großen Viadukts wurden in den 80er-Jahren verfüllt, wodurch sich die Brückenlänge von 512 Meter auf 381 Meter verkürzte.

Links unten: 50 3516 begibt sich in die Steigung vor Lunzenau im Oktober 1982.

Rechts oben: 50 3654 rollt im Oktober 1987 hindurch.

Rechts unten: 50 3576 hat im April 1986 den Gag 56 355 am Haken.

Blick vom Schützenhaus auf Bahnhof, Kirche und Schloß Wechselburg

Oben: 50 3551 hat nach anstrengender Bergfahrt Wechselburg erreicht und fährt auf den Bahnhof zu (Oktober 1987). Übrigens fuhren die Sandzüge im Winter bei starkem Frost nicht, da der gewaschene Sand noch feucht war und so auf den Wagen zu einem großen Klumpen gefroren wäre, was wiederum die Entladung sehr erschwert hätte.

Links oben: Historischer Blick auf Bahnhof, Schloss und Stiftskirche (Ansichtskarte, gestempelt 1927). In Wechselburg zweigt die Nebenstrecke nach Chemnitz ab und verläuft entlang des gleichnamigen Baches, auch diese Strecke ist heute längst stillgelegt. Die Rochlitzer Lok hatte auch hier einige Planleistungen zu erbringen.

Links unten: 50 2146 hat sich mit Gag 56355 aus dem Silbertal herausgearbeitet. Am linksseitigen Einfahrsignal vorbei geht es in den tiefen Einschnitt und unter der Straßenbrücke aus Rochlitzer Porphyr (siehe oben) hindurch – etwa bis hierher hatte der Regler geöffnet zu sein – in die Linkskurve zum Bahnhof Wechselburg (12. Mai 1985).

Oben: Einfahrt nach Wechselburg, 50 3654 im Oktober 1987.

Links oben: Blick von der anderen Seite der Straßenbrücke auf 50 3688 im April 1987.

Links unten: An den fotografischen Ergebnissen des 20. Oktober 1984 konnten wir uns schon erfreuen, hier die Einfahrt des Zuges mit 50 2146 nach Wechselburg kurz vor dem Einschnitt. Eine Gruppe Spaziergänger hält einen Moment inne und betrachtet das lautstarke Schauspiel, das doch täglich vor ihren Haustüren aufgeführt wird.

Nächste Doppelseite:

Links oben: 50 3576 hat das Steigungsstück vor Wechselburg fast geschafft, aber noch ist der Regler voll geöffnet (25. Oktober 1985).

Links unten: Die Bahn umrundet das dörfliche Steudten in großem Bogen, 50 3576 am 15. Mai 1985.

Rechts oben: Die 50 3697 befindet sich in gutem Pflegezustand, sogar mit rotem Triebwerk. Insofern nicht ganz alltäglich, da diese Farbe in Meiningen längere Zeit nicht vorhanden war, stattdessen wurde Rotbraun genommen. Doch in Glauchau fand man noch ein paar Töpfe der richtigen Farbe (20. Oktober 1985).

Rechts unten: Noch einmal 50 3697 am 17. Mai 1985, die wohl am längsten in Glauchau Dienst tat, als eine der ersten im März 1982 bis Oktober 1985.

50 3576-1
32

50 3697-5

50 3523-3
34
4

50 3551-4

Oben: 50 3551 hat Rochlitz verlassen und nimmt Anlauf für die Steigung durch das Silbertal nach Wechselburg (Oktober 1987).

Rechts: Aus einer Schießscharte im Schlossturm, nach Entrichtung des Eintrittsgeldes, entstanden diese Bilder der 50 3523 mit Gag 56355 im April 1987.

Vorherige Doppelseite: Dampf in Steudten

Links oben: 50 3523 mit bestellter Rauchfahne am 23. April 1987.

Links unten: 50 3551 mit dem morgendlichen P 17754 von Karl-Marx-Stadt nach Rochlitz (Oktober 1987).

Rechts oben: 86 1056 mit N 65363 am 19. April 1987.

Rechts unten: Noch einmal der Personenzug aus Karl-Marx-Stadt, 50 3673 am 23. April 1987.

Nächste Doppelseite:

Links oben: 50 3673 mit Gag 56353 am 23. April 1987, vorne die Schlossmühle, die noch bis 1994 in Betrieb war.

Links unten: 86 1056 beginnt mit dem Nahgüter 65363 die Fahrt nach Glauchau (18. April 1987).

Rechts oben: 50 3688 über einigen Dächern von Rochlitz (April 1987).

Rechts unten: 50 3670 im Rochlitzer Stadtgebiet (Oktober 1987).

50 3670-2

50 3576-1

DREHSCHEIBE
50 849
Überschreiten
der
Drehscheibe
ist verboten

50 3670-2

Rochlitz Sachs
86 1501-5

58 3047-6

Oben: 50 3670, die einzige mit Schneeräumer ausgestattete Maschine in Glauchau, wartet auf das Einrücken ins Bw (Oktober 1987).

Links oben: 86 1501 rangiert am 23. September 1983. Im Oktober 1983 wurde sie nach Annaberg-Buchholz abgegeben, dafür kam von dort 86 1001. Von Oktober 1984 bis Mai 1985 war dann die 86 1333 Heizlok in Rochlitz.

Links unten: 58 3047 wird in Rochlitz gedreht. Anschließend bespannt sie einen Sandzug nach Glauchau, wohl auch als Testfahrt nach dem RAW-Aufenthalt gedacht (10. Juni 1988).

Vorherige Doppelseite:

Links: 50 3576 beim Rangiergeschäft in Rochlitz auf vollen Gleisen (April 1986).

Rechts oben: 50 849, die mit einem Sonderzug gekommen ist, am 18. September 1982.

Rechts unten: 50 3670 wartet vor Braunkohlebergen im Oktober 1987, derweil das Personal sich in der Kantine stärkt (Oktober 1987).

86 1056-0

DREHSCHEIBE
Nur mit Auftrag und
Schrittgeschwindigkeit
befahren.
86 1056-0

86 1333-3

86 1056-0

STOP
50 3523-3

Von Rochlitz über Narsdorf nach Penig

Oben: 50 3109 bei Wittgendorf an der Strecke von Rochlitz nach Narsdorf (27. Februar 1977).

Links oben: 86 1056 ist wegen Diesellokmangel eine Woche im Einsatz, hier im Schubdienst nach Narsdorf ausfahrend (14. März 1977).

Links unten: 50 3523 kämpft mit Gag 56353 spektakulär bei Wittgendorf mit der Steigung nach Narsdorf (25. September 1983).

Vorherige Doppelseite: 86er-Heimat Rochlitz

Oben: 86 1056 wird in Rochlitz für den Streckendienst an Ostern 1987 vorbereitet (17. April 1987). Auf Geheiß des Einsatzstellenleiters, der sich auch für die Dampflok begeistern konnte, kam die Lok zum Streckeneinsatz, was in Glauchau nicht unbedingt auf Gegenliebe stieß. Aber es war ja auch die Zeit, in der Diesel eingespart werden sollte.

Unten: 86 1333 ist vom Abschiedsfest in Glauchau zurückgekehrt. Noch bis Juli 1991 tut sie Dienst in Rochlitz als Heizlok, wenn sie nicht gerade zum Auswaschen oder vor so manchem Sonderzug unterwegs ist (12. Juni 1988).

50 3109-1

Oben: 50 2146 fährt mit Lg 58354 in Narsdorf ein (Oktober 1984).

Links oben: Die andere Einfahrt nach Narsdorf mit 50 3109 und hinten 2 x 110 dran am 27. Februar 1977. Da die Züge in der Steigungsstrecke kaum über 25 km/h fuhren, war sogar eine Verfolgung mit dem Moped möglich, was der junge Dampflokfan Tilo Günther zu nutzen wusste.

Links unten: Eine seltene Situation mit zwei Altbau-50 bespannten Zügen in Narsdorf, rechts die eben eingefahrene 3109 mit Sand nach Glauchau, links 50 1317 (Bw KMS) am Nahgüterzug mit Kohle aus Borna nach Karl-Marx-Stadt (27. Februar 1977).

Nächste Doppelseite:

Links oben: 50 3523 fährt mit den leeren „Platten" Lg 58354 aus Narsdorf hinunter nach Rochlitz (23. April 1987). Dieser Umweg war notwendig, da zur gleichen Zeit auf der Mulde keine Kreuzungsmöglichkeit bestand.

Links unten: 50 3523 muss den Sand 56353 wegen Streckensperrung auf der Mulde außerplanmäßig über Narsdorf fahren, ganz im Hintergrund ist eben noch die Schiebe-110er auszumachen. In Obergräfenhain passiert der Zug das Einfahrsignal nach Narsdorf aus Richtung Penig, auch hier wieder links stehend (25. September 1983).

Rechts: Der gleiche Zug bei der Einfahrt nach Langenleuba-Oberhain.

50 3523-3

50 3523-3
11
9

50 3523-3

Noch einmal der gleiche Zug, diesmal im Bahnhof Langenleuba-Oberhain.

Wegen Ausfall des Lg 58 354 fährt 50 3666 Lz nach Rochlitz über Narsdorf, hier bei Penig im Juni 1986.

4

Rochlitz–Großbothen

Als zweiter Abschnitt der Muldentalbahn wurde die Strecke nach Großbothen im Dezember 1875 und schließlich die Fortführung nach Wurzen im Juni 1877 eröffnet. Rochlitz hatte bereits 1872 mit der Strecke über Narsdorf nach Penig einen Bahnanschluss erhalten und entwickelte sich zum Nebenbahnknoten. Von hier führten die Gleise nach Großbothen, Glauchau, Chemnitz, Waldheim und Narsdorf. Heute sind alle diese Strecken stillgelegt, der zwölfständige Lokschuppen teilweise vermietet und einen Großteil des Bahnhofsgeländes haben Birken erobert.

Am nördlichen Ortsrand von Rochlitz wird die Trasse ein viertes Mal über die Mulde geführt und bei Lastau schließlich ein fünftes Mal. Der Bahnhof Colditz, dessen Lage in der damaligen Planungsphase heiß umstritten war, war einer der größeren auf der Muldentalbahn, zahlreiche Betriebe in der Nähe und der Sandabbau sorgten für erhebliches Güteraufkommen. Vorbei am Colditzer Schloss wird der Haltepunkt Sermuth erreicht, wo Anschlussgleise in die Sandgruben führen. Sand war in den letzten Jahrzehnten der Bahn ein Haupttransportgut, täglich fuhren mehrere Züge von Rochlitz Richtung Glauchau und Zwickau sowie nach Karl-Marx-Stadt. Bei Sermuth vereinigen sich Zwickauer und Freiberger Mulde zur Mulde, die bei Dessau schließlich in die Elbe mündet. Kurz vor dem Bahnhof Großbothen wird die Muldentalbahn über die Strecke Dresden–Döbeln–Leipzig geführt, die Brücke wurde noch Ende der 90er-Jahre kurz vor der Stilllegung erneuert.

Aus dem nördlichen Teil des Inselbahnhofs geht die Trasse dann weiter in Richtung Wurzen. Der Abschnitt bis Grimma ist seit 1945 unterbrochen, das Stück zwischen Grimma und Wurzen seit 1969 stillgelegt.

50 3523 auf der Drehscheibe in Rochlitz (April 1987).

Oben: 50 3673 durchfährt mit Gag 56 353 bei Penna das hier schon deutlich geweitete Muldental (19. April 1987).

Links oben: 50 3523 rollt am 14. Mai 1985 bei Penna auf Rochlitz zu.

Links unten: 50 3688 im April 1987 bei Penna.

Nächste Doppelseite:

Links oben: 50 3673 mit Gag 56353 am 19. April 1987 bei Penna.

Links unten: Der gleiche Zug bei Lastau.

Rechts oben: 75 587 vom Bw Glauchau ist mit einem Personenzug in die Heimat vor der Haustür des Fotografen in Kralapp bei Lastau unterwegs (August 1967). Im Februar 1969 wurde die Maschine in Glauchau als eine der letzten ihrer Art ausgemustert.

Rechts unten: An gleicher Stelle die P 8 38 3779 aus Leipzig mit Pz nach Rochlitz. Die Leipziger P 8 kamen bis Februar 1968 ins Muldental, dann wurde die Belastung der Brücke (Überführung über die Strecke Döbeln–Großbothen) herabgestuft und damit war die 38er zu schwer für sie geworden.

50 3673-6

50 3673-6

75 587

38 3779

50 3688 bei Lastau im April 1987.

50 3551 bei Lastau am 20. Oktober 1987.

50 3523 bei Lastau am 14. Mai 1985.

503551 mit Gag 56353 am 20. Oktober 1987 in Colditz.

50 1387-5

Oben: 50 1992 (Bw Nossen) in Großbothen ist bereit, den Weg zurück nach Hause anzutreten (11. November 1977).

Links oben: 86 445 mit abendlichem Nahgüterzug nach Großbothen an der Einfahrt nach Lastau (Juli 1968).

Links unten: 50 1387 vom Bw Nossen bei der Einfahrt nach Großbothen aus Richtung Döbeln, über die Brücke wird die Muldentalbahn in den Bahnhof geführt (14. September 1977).

Nächste Seite:

Oben: Noch einmal Diesel, aber immerhin eine Lok der Baureihe V 75, von der es nur 20 Stück gab. V 75 001 fährt hier aus Großbothen aus in Richtung Leipzig (August 1969).

Unten: 50 1992 vom Bw Nossen überquert die Mulde bei Großbothen in Richtung Döbeln-Nossen (November 1977).

50 1932-2

5

Von 1988 bis heute

Am 28. Mai 1988 beendeten 50 3519 auf der Tour nach Oelsnitz und 50 3576 im Muldental den regulären Einsatz von Dampflokomotiven beim Bw Glauchau. Bereits im Februar hatte der Einsatz im Muldental geendet, Rochlitz war dampffrei, nur die Heizlok 86 1333 hielt die Stellung. Am 11. und 12. Juni 1988 stand dann die offizielle Verabschiedung vom Dampf an. An diesem Wochenende wurde noch einmal alles aufgeboten, was rauchen konnte: anlässlich des Jubiläums „60 Jahre Baureihe 86" die 86 049, 333, 501 und 607 (Werklok in Zwickau), dann 58 3047, 50 3519, 3576 und 3670. Am 11. Juni bespannte die frisch aus dem RAW gekommene 58 3047 noch einmal den Sand Gag 56355 von Rochlitz nach Glauchau. Das Gleiche tat die 50 3670 mit dem Sand Gag 56353 am nächsten Tag. Auch die 86 1333 kam vor planmäßigen Zügen im Muldental zum Einsatz. Doch auch nach diesem denkwürdigen Wochenende konnte man in Glauchau immer mal wieder die Dampfpfeife hören. Im Dezember 1988 kam 50 3696 als Reserve-Heizlok aus Wittenberge und bespannte 1989 und 1990 einige Sandzüge auf der Muldentalbahn und Sonderzüge. Auch die Rochlitzer 86 1333 wurde auf Fahrten zum Auswaschen nach Glauchau vor Planzügen und vor Sonderzügen eingesetzt. Das Bw eignete sich auch wegen der noch vollständig vorhandenen Behandlungsanlagen hervorragend für die Versorgung von Dampfloks bei Sondereinsätzen. Noch bis 1999 konnte die Museumslok 58 3047 bei zahlreichen Plandampfveranstaltungen mitwirken, seitdem steht sie im Schuppen von Glauchau. Überhaupt waren die 90er-Jahre, und da insbesondere die frühen, die Zeit der Plandampfveranstaltungen und zahlreichen Sonderzüge. Vorhandene Infrastruktur und erschwingliche Preise machten so manch kleine und größere Veranstaltung möglich. Momentan steht bei der IG 583047 e.V. in Glauchau die 35 1097 für Sonderzüge zur Verfügung.

Werfen wir nun einen Blick in die Gegenwart der Strecke und wohl einen bangen in ihre Zukunft. Der Niedergang begann natürlich mit der Wende, der Abschnitt Colditz–Rochlitz machte Ende 1999 den Anfang, ein halbes Jahr später folgte Colditz–Großbothen, 2001 wurde schließlich die Strecke Rochlitz–Wechselburg stillgelegt. Nun fuhren zahllose Lkw den Sand und damit die Straßen kaputt. Daran hat sich bis heute wenig geändert. Im August 2002 beendete das Elbehochwasser endgültig den Betrieb auf der Muldentalbahn.

2005 pachtete die Deutsche Regionaleisenbahn (DRE) die Strecke Glauchau–Großbothen. Die Pläne waren hochtrabend und nichts anderes als die Reaktivierung der Bahn war das Ziel. Begonnen werden sollte mit touristischem Saisonverkehr. Doch nicht alle Anrainergemeinden unterstützten das Projekt, auch ein Radweg wäre eine Option. 2006 gründete sich unter dem Dach der VSE der Förderverein Muldentalbahn e.V., der seit 2010 Fahrten zwischen Rochlitz und Penig mit dem sogenannten Schienentrabi, einem motorisierten Gleiskraftrad, anbietet. Aktuell ist jedoch die Zukunft dieses interessanten Angebotes unsicher, da der gegenwärtige Eigentümer die Nutzung der Trasse infrage stellt. So bleibt die Zukunft dieser einmaligen Bahn ungewiss und je mehr Zeit verstreicht, desto höher wird der finanzielle Aufwand, die Strecke wieder betriebsfähig herzurichten.

50 3519-1
50 3670-2
50 3576-1
58 3047-6

50 3576-1
58 3047-6
86 1333-3
Überschreiten der Drehscheibe verboten

86 1333-3
118 694-9

58 3047-8

Oben: 86 1333 will zum Dampfabschied nach Glauchau und nimmt dann gleich einen Pz mit (10. Juni 1988). Natürlich hat man sie ordentlich geputzt und fein gemacht.

Links oben: 58 3047 fährt in Waldenburg ein, am Haken den Sand, auch am 10. Juni 1988.

Links unten: Eine Kuriosität in Waldenburg: Der hölzerne Schrankenbaum wird mit Körperkraft bedient, sicher einer der letzten dieser Art und Bedienung damals bei der DR, eine Szene wie aus dem vorletzten Jahrhundert (10. Juni 1988).

Vorherige Doppelseite: Am Vorabend des großen Abschiedsfestes in Glauchau

Links oben: Man hat schon einmal Aufstellung genommen, von links nach rechts 50 3519, 50 3670, 50 3576 und 58 3047. Am frühen Morgen kommen bereits die ersten Besucher.

Unten und rechts: 86 1333 hat den Pz abgehängt und ist ins Bw eingerückt. Nach dem Versorgen mit den nötigen Betriebsstoffen wird sie gedreht und darf in den Schuppen. Bilder wie in alten Zeiten.

86 1501-5
58 261
58 3047
118

86 049
86 333
86 607
86 1501-5

Oben: 50 3670 fährt mit dem Sand in den Bahnhof ein, nicht ohne standesgemäß mit einem beeindruckenden Dampfpfeifenkonzert begrüßt zu werden (11. Juni 1988). Fotostandpunkt ist das Stellwerk Mitte. Hinten der sächsische Rollwagen 38 205.

Links oben: Endlich scheint die Sonne, die sich am Vortag noch schwer tat. Von links nach rechts: 86 1501, 58 261, 58 3047 und 50 3519. Der Bw-Chef hält eine Rede, immer wieder pfeift es hier und da, Führerstandsmitfahrten zum Spinnstoffwerk, eine bunte Schar von Menschen, die Abschied nehmen wollen. Kaum zu glauben, dass es das jetzt gewesen sein soll (12. Juni 1988).

Links unten: Die 86er-Schwestern haben sich aufgestellt, denn heute ist ihr 60. Geburtstag; von links: 86 049, 333, 607 und 501, auf der Scheibe 38 205 (12. Juni 1988).

Nächste Doppelseite:

Links: Der Sonderzug mit 03 001 und 01 137 startet zur Rückfahrt nach Dresden (11. Juni 1988).

Rechts oben: Der Sand kommt mit 50 3670 bei Penna daher (11. Juni 1988). Dieser Tag war echtes Abschiedswetter, doch die Hoffnung stirbt zuletzt.

Rechts unten: Ein Jahr später sind wir wieder zum „Tag des Eisenbahners“ in Glauchau und es dampft immer noch aus allen Schloten; von links: 86 001, 86 049, 94 1292, 50 3519, 52 8145 und 58 3047 (16. Juni 1990).

03 001

Im Rahmen eines Streckenjubiläums kehrte wieder einmal Leben ins Bw Glauchau ein, reges Treiben mit fünf Dampfloks, 62 015, 03 001, 89 6009, 38 205 und 52 .80 (21. Juli 1996). Hier beim Bekohlen, auf der rechten Seite oben beim Warten auf Wasser.

Die aktuelle Lok der IG 58 3047, 35 1097, hier mit alternativer Nummer (9. Juli 1999).

Den Abschluss macht das kleinste Schienenfahrzeug bei dieser Bilderreise, der „Schienentrabi" oder auch die „Piroschkla". Oben posiert sie in Göhren und unten hat man in Steudten Spaß im Doppelpack (27. Juli 2013). Möge dieser Strecke eine Eisenbahn-Zukunft beschert sein.

Bildnachweis

Volker Fröhmer: S. IV, 2/3, 4 o, 6, 14 u, 24 u, 28–30, 31 u, 32–35 o, 36 u, 37 o, 38–40 o, 44, 45, 46 u, 47, 54 u, 58 u, 62, 65 o, 67 o, 69 u, 70 o, 72, 73, 74 u, 76 u, 78–80 o, 81, 84, 87 o, 88 o, 90 o, 91 o, 92 u, 96–98 o, 99, 100 o, 101, 102, 104 u, 105;
Tilo Günther: S. 10–14 o, 15 o–20, 22 o, 23, 25, 50 o, 68 o, 92 o, 93 o, 94, 103, 106–108;
Hans Faust: S. 35 u, 70 u, 95;
Sören Peters: S. 49;
Thomas Böttger: S. 120;
Thomas Krauß: S. 57 u;
Sammlung Matthias Lehmann: S. 57 o, 66, 74 o;
H. Böhme: S. 8, 22 u (Sammlung Hengst);
Sowitzki: S. 9 (Sammlung Hengst);
Sammlung Hengst: S. 58 o.

Alle weiteren Aufnahmen stammen vom Verfasser.

Lokparade in Glauchau zur blauen Stunde (18. September 2015).

Gag 56353 (63,1) Colditz—Zwickau (Sachs) Hbf
Gag 56353 B (63,3) Zwickau (Sachs) Hbf—Grünstädtel
Gag 56353 B (63,3) Zwickau (Sachs) Hbf—Plauen (Vogtl) ob Bf
Gag 56353 B Fr So (63,3) Zwickau (Sachs) Hbf—Pöhlau
Gag 56353 B (63,3) Zwickau (Sachs) Hbf—Lengenfeld (Vogtl)
Gag 56353 B Sa So (63,3) Zwickau (Sachs) Hbf—Werdau
Gag 56353 B (63,3) Glauchau (Sachs)—Braunichswalde

Hg max 60 km/h
Tfz 50.3 — **900 t H** — Mbr 42

Gag 56355 B (63,3) Colditz—Zwickau (Sachs) Hbf
Gag 56355 B (63,3) Reichenbach (Vogtl) ob Bf—Plauen (Vogtl) ob Bf
Gag 56355 B (63,3) Zwickau (Sachs) Hbf—Grünstädtel
Gag 56355 B (63,3) Reichenbach (Vogtl) ob Bf—Auerbach (Vogtl) unt Bf

Hg max 60 km/h
Tfz 110, ab Ro 50.3 — o **900 t H** — Mbr 42

			56353		**56355**			
1	2	3	4	5	4	5	4	5
56,8	**40**	**Großbothen**						
		55,84						
	10							
		55,80						
53,2		Abzw Leisenau §						
	50							
49,1		Colditz	—	**11^{29}**	—	**11^{53}**		
44,7		Lastau §	—	**11^{36}**	—	**12^{04}**		